Inhalt

Rette sich, wer kann - Europas Staaten kämpfen mit der Finanzkrise

Kernthesen

Beitrag

Fallbeispiele

Weiterführende Literatur

Impressum

GENIOS WirtschaftsWissen Nr. 02/2009 vom 09.02.2009

Rette sich, wer kann - Europas Staaten kämpfen mit der Finanzkrise

R.Reuter

Kernthesen

- Zu einer konzertierten Aktion haben sich Europas Regierungschefs bei der Bekämpfung der Wirtschaftskrise bisher nicht durchringen können.
- Die Länder kochen darum weiter ihr eigenes Süppchen und manchen steht das Wasser bereits bis zum Hals.
- Immer öfter macht das Wort vom Staatsbankrott die Runde: Oft genannte Kandidaten sind Großbritannien, Portugal

und Griechenland.

Beitrag

Die deutsche Wirtschaft wird infolge der Konjunkturkrise 2009 besonders hohe Einbußen hinnehmen müssen. Insgesamt gelten die Unternehmen jedoch als gut aufgestellt.

Wirtschaftsleistung bricht ein

Europas Wirtschaft steht im Bann der Finanzkrise: Im vierten Quartal 2008 musste der Euro-Raum einen Rückgang der Wirtschaftsleistung nach Schätzung der EU-Kommission um 1,5 Prozent gegenüber dem Vorquartal verzeichnen. Auch das zweite und dritte Quartal erbrachte ein schrumpfendes Bruttoinlandsprodukt, nämlich um jeweils 0,2 Prozent. Wegen des starken ersten Quartals ergibt sich für die Euro-Zone damit allerdings immer noch ein passables Wachstum der Trend aber zeigt stark nach unten. [1]

Rette sich, wer kann

Deutlich macht die Krise, dass die europäischen Länder zu einem koordinierten Vorgehen gegenüber dem konjunkturellen Abschwung nicht in der Lage sind. Den Anfang hatte in dieser Hinsicht Irland gemacht, das ohne Abstimmung mit seinen Partnern eine Staatsgarantie für seine Banken abgab. Auch auf den Gipfeltreffen im Oktober und im Dezember wurde keine gemeinsame Strategie beschlossen. Zwar wurde der Eindruck erweckt, dass die Europäer an einem Strang ziehen könnten, tatsächlich aber werkeln die Länder seitdem weitgehend im eigenen Kämmerlein. Das Motto scheint seitdem klar: Rette sich, wer kann. (1), (7)

Industrie ist besonders betroffen

Mit voller Wucht hat sich die weltweite Rezession auf den Industriesektor niedergeschlagen. In dieser Sparte verzeichnete der Euro-Raum im Oktober und im November 2008 einen Auftragsrückgang gegenüber dem Vorjahreszeitraum um zehn Prozent. Noch härter traf es die deutsche Wirtschaft: Hier schrumpften die Aufträge für den Industriesektor sogar um 13 Prozent. (1)

Island ist das erste Opfer

Am schlimmsten hat es die Isländer erwischt. Bereits im Herbst stand das kleine Land mit seinen 320 000 Einwohnern wegen der globalen Finanzkrise kurz vor dem Staatsbankrott. Abgewendet werden konnte der GAU nur durch einen Kredit in Höhe von 3,7 Milliarden Euro, den der Internationale Währungsfonds (IWF), die nordischen Länder und Polen zur Verfügung stellten. Eine Kreditzusage in gleicher Höhe wurde von Deutschland, Großbritannien und den Niederlanden ausgesprochen. Die Urheber der Schieflage Islands, die drei Banken Landsbanki, Glitnir und Kaupthing, sind seitdem verstaatlicht.

Arbeitslosigkeit und Inflation sind seit der gerade noch abgewendeten Bankrotterklärung stark angestiegen. Ökonomen rechnen damit, dass die isländische Wirtschaft in diesem Jahr um zehn Prozent schrumpfen wird. Schon im vergangenen Jahr verlor die isländische Krone über 60 Prozent ihres Wertes. (9)

Deutschland ist gut gerüstet

Auch die in den letzten Jahren prosperierende deutsche Wirtschaft wird die Wirtschaftskrise nicht ohne Blessuren überstehen. Die starke Exportorientierung wird nach derzeitigen Schätzungen einen überdurchschnittlichen Rückgang des Bruttoinlandsprodukts von rund 2,3 Prozent nach sich ziehen. Im Oktober und November sank die Industrieproduktion um 5,6 Prozent, der Auftragseingang ging sogar um 13,1 Prozent zurück. Besonders stark betroffen ist bekanntermaßen die Autoindustrie, die im Dezember einen Einbruch der Produktion und der Exporte um 22 Prozent hinnehmen musste. Insgesamt sanken die deutschen Exporte 2008 um 0,3 Prozentpunkte. Nur moderat wird nach Expertenmeinung die Arbeitslosenquote in diesem Jahr steigen, nämlich von 7,1 auf 7,7 Prozent.

Trotz des stotternden Exportmotors gilt Deutschland für die Krise als gut gerüstet. Hierfür ausschlaggebend sind der gesunde Immobilienmarkt, die moderate Preisentwicklung und die hohe Sparquote der Privathaushalte. Zudem gelten die Unternehmen als besonders fit für den Weltmarkt, was eine Folge der gelungenen Umstrukturierungen nach den Stagnationsjahren 2000 bis 2004 ist. Die Eigenkapitalquote der Firmen hat sich hierdurch, etwa im Maschinenbau, stark verbessert und macht die Unternehmen relativ unempfindlich gegenüber der zurzeit vorsichtigen Kreditvergabepraxis der

Banken.

Wie gut die deutsche Wirtschaft trotz der krisenhaften Entwicklung grundsätzlich dasteht, macht auch diese Zahl deutlich: Seit dem Jahr 2000 sind die deutschen Ausfuhren um 80 Prozent gestiegen. Während die meisten Industriestaaten Weltmarktanteile an die Schwellenländer abgeben mussten, konnte die deutsche Wirtschaft ihre Position insbesondere in Emerging Markets halten oder ausbauen. (1), (2), (4)

Frankreich kämpft mit schwacher Binnennachfrage

Der prognostizierte Rückgang der Wirtschaftsleistung wird in Frankreich, das weit weniger exportiert als Deutschland, geringer ausfallen. Experten gehen für 2009 derzeit von einem Rückgang in Höhe von 1,8 Prozent aus. Stärker als Deutschland ist unser westlicher Nachbar von den Folgewirkungen auf den Arbeitsmarkt betroffen. Gerechnet wird mit einem Anstieg der Arbeitslosenquote auf nahezu zehn Prozent.

Vergleichsweise glimpflich ist Frankreichs Wirtschaft im dritten Quartal 2008 davon gekommen: Hier wurde noch ein Wachstum von 0,1 Prozent erreicht. Frankreich befindet sich der Definition nach darum noch nicht in einer Rezession. Für das vierte Quartal 2008 liegen noch keine abschließenden Zahlen vor, gerechnet wird jedoch mit einem Abschwung um 1,1 Prozent.

Anders als Deutschland leidet die französische Wirtschaft insbesondere unter dem Rückgang der Binnennachfrage. In den vergangenen Jahren hatte sich der private Konsum als wichtigster Wachstumsmotor erwiesen, geht jetzt aber zurück. Hoffnungen setzen die Unternehmen insbesondere in die 17 Millionen Rentner und Staatsangestellten, die infolge ihrer festen Bezüge voraussichtlich keine Einschränkungen ihres Konsums vornehmen werden.

Den deutschen Firmen vergleichbar ist die Situation der französischen Industriebetriebe. So werden die Automobilhersteller im ersten Quartal 2009 30 Prozent weniger Autos bauen. Auch wegen der Schieflage von Renault, Citroën und Peugeot wird das Außenhandelsdefizit Frankreichs 2009 weiter anwachsen. (1), (2)

Hiobsbotschaften für

Großbritannien

Von den großen europäischen Wirtschaftsmächten hat es das Vereinigte Königreich mit am stärksten getroffen. Das Pfund Sterling ist am Boden, die Nachrichten über Insolvenzen nehmen zu und mancherorts herrscht Panik. Wie stark die Insel in Schieflage geraten ist, zeigt die erst kürzlich offenbarte Situation im Oktober: Damals sollen die britischen Banken nur drei Stunden von einem allgemeinen Zusammenbruch entfernt gewesen sein. Immer wieder wird von der Presse die Frage gestellt, ob Großbritannien Pleite gehen könnte.

Der Grund für die besonders schwierige Situation ist die große Abhängigkeit des Landes von den Finanzmärkten. Nach zwei aufeinanderfolgenden Quartalen mit schrumpfender Wirtschaftsleistung befindet sich Großbritannien nun in einer Rezession. Das Bruttoinlandsprodukt sank im vierten Quartal um 1,5 Prozent, im Gesamtjahr 2008 war ein Minus von 1,2 Prozent zu verzeichnen. (2), (3)

Italien schlägt sich wacker

Für Italien wird wie für Frankreich im laufenden Jahr ein Wirtschaftsminus von 1,8 Prozent prognostiziert.

Auch bei der erwarteten Arbeitslosenquote ist die Situation der beiden Länder vergleichbar: Erwartet wird ein Anstieg auf zehn Prozent. 2008 schloss der Stiefel mit einem BIP-Minus in Höhe von 0,6 Prozent ab.

Da die italienischen Banken auf das Massengeschäft konzentriert sind und sich weniger als andere an den internationalen Finanzmärkten engagieren, steht der Kreditsektor vergleichsweise stabil da. Trotzdem steckt das Land schon seit letztem Sommer in der Rezession. 2008 dürfte das Bruttoinlandsprodukt um mehr als 0,5 Prozent geschrumpft sein.

Die hohe Verschuldung Italiens gibt der Regierung kaum Spielraum in die Hand, die Wirtschaft durch Konjunkturprogramme in Schwung zu bringen. Ganze 5,6 Milliarden Euro sollen dem Wirtschaftskreislauf zur Verfügung gestellt werden, was sich angesichts der Programme Deutschlands und Frankreichs sehr bescheiden ausnimmt. Das Haushaltsdefizit wird hierdurch dennoch weiter ansteigen die EU-Kommission erwartet für 2009 eine Erhöhung auf 3,8 Prozent des BIP, gegenüber den 2,8 Prozent im Vorjahr. (1), (2), (6)

Spanien in Bedrängnis

Das Land auf der iberischen Halbinsel leidet derzeit massiv unter dem Kollaps seines Häusermarktes und der Bauindustrie. Prognostiziert ist für 2009 daher ein Rückgang des BIP um zwei Prozent. Fast dramatisch mutet der befürchtete Anstieg der Arbeitslosigkeit an: Die Quote wird nach Expertenmeinung von derzeit gut elf Prozent auf mehr als 16 Prozent ansteigen. Damit gehört Spanien neben Irland, Griechenland und Portugal zu den größten Sorgenkindern der europäischen Wirtschaft. [1]

Irland schrumpft

Das in den vergangenen Jahren oft gefeierte Irland tut sich mit der Finanz- und Wirtschaftskrise besonders schwer. Grundursachen sind eine grassierende Immobilienkrise und die besonders schwierige Lage des Finanzsektors. 2009 muss Irland daher mit einem um fünf Prozent niedrigeren Bruttoinlandsprodukt rechnen. [1]

Griechenland und Portugal steht das Wasser bis zum Hals

Weitere Kandidaten für die rote Laterne sind

Griechenland und Portugal. Beide Länder müssen infolge ihrer niedrig bewerteten Bonität an den Finanzmärkten besonders hohe Zinsen für die Kreditaufnahme bezahlen. Noch schlechter steht Ungarn da, das schon im Oktober mit Krediten der Europäischen Union und des Internationalen Währungsfonds vor dem Ertrinken gerettet werden musste. (5)

Fallbeispiele

Fallbeispiel aus Osteuropa: Die Ukraine unter Schock

Von den Staaten Osteuropas hat es die Ukraine, neben Ungarn, am heftigsten gebeutelt. 16 Milliarden US-Dollar hat sich das Land vom Internationalen Währungsfonds leihen müssen, um nicht in Insolvenz zu gehen. Stark leidet derzeit die für die Ukraine besonders wichtige Stahlindustrie. Im größten Werk des Landes steht die Produktion wegen Absatzproblemen schon seit geraumer Zeit still. (8)

Weiterführende Literatur

(1) Spannungen im Euro-Raum
aus Frankfurter Allgemeine Zeitung, 30.01.2009, Nr. 25, S. 14

(2) Tiefdruckzone über den führenden Industrienationen Europas
aus Neue Zürcher Zeitung 28.01.2009, Nr. 22, S. 25

(3) Zurück an die Nähmaschinen
aus Frankfurter Allgemeine Zeitung, 31.01.2009, Nr. 26, S. 31

(4) Zeit für Reformen
aus WirtschaftsWoche Global Sonderausgabe Globalisierung NR. 001 VOM 26.01.2009

(5) Undenkbar!Wirklich?
aus Die ZEIT Nr. 06 vom 29.01.2009 Seite 019

(6) Der Widerstand bröckelt
aus Süddeutsche Zeitung, 29.01.2009, Ausgabe Deutschland, S. 22

(7) Gemeinsam gescheitert
aus Süddeutsche Zeitung, 27.01.2009, Ausgabe Deutschland, Bayern, München, S. 23

(8) Ukraine ist Osteuropas grösstes ökonomisches Sorgenkind
aus Finanz und Wirtschaft vom 24.01.2009, Seite 34

(9) In Island fordert die Finanzkrise jetzt politische Opfer
aus Handelsblatt Nr. 017 vom 26.01.09 Seite 6

(10) Schatten über dem Zauberberg
aus Handelsblatt Nr. 019 vom 28.01.09 Seite b12

Impressum

Rette sich, wer kann - Europas Staaten kämpfen mit der Finanzkrise

Bibliografische Information der deutschen Nationalbibliothek

Die Deutsche Nationalbibliothek verzeichnet diese Publikation in der deutschen Nationalbibliografie; detaillierte bibliografische Daten sind im Internet über http://dnb.d-nb.de abrufbar.

ISBN: 978-3-7379-1649-3

© 2015 GBI-Genios Deutsche Wirtschaftsdatenbank GmbH, Freischützstraße 96, 81927 München, www.genios.de

Alle Rechte vorbehalten. Dieses Werk ist einschließlich aller seiner Teile – z.B. Texte, Tabellen und Grafiken - urheberrechtlich geschützt. Jede Verwertung außerhalb der Grenzen des Urheberrechtsgesetzes bedarf der vorherigen Zustimmung des Verlags. Dies gilt insbesondere auch für auszugsweise Nachdrucke, fotomechanische

Vervielfältigungen (Fotokopie/Mikroskopie), Übersetzungen, Auswertungen durch Datenbanken oder ähnliche Einrichtungen und die Einspeicherung und Verarbeitung in elektronischen Systemen.